COLL
LE
VIVR

LA PROVENCE

CLAUDE CRUZILLE

Collection dirigée par
ISABELLE JAN

HACHETTE
58, rue Jean-Bleuzen
92170 Vanves

Crédits photographiques : pp. 8 et 9, © Hachette Guides Bleus ; p. 14, haut : Gauthier/Pix, bas : J. Ch. Pratt, D. Pries/DIAF ; p. 16, musée Alger, Montpellier/Lauros-Giraudon ; p. 19, haut : N. Thibaut/Explorer, bas : Pratt, Pries/DIAF ; p. 22, haut : C Moirenc/DIAF, bas : B. Régent/DIAF ; p. 27 haut : Bordas/DIAF, bas : A. Wolf/Explorer ; p. 29, G. Gsell/DIAF ; p. 33, haut : Pix, bas : Meauxsoone/Pix ; p. 37, haut : Garcin/DIAF, bas : L. Giraudou/Explorer ; p. 38, haut : Giraudon, bas : Chappe/Pix ; p. 41, Artephot ; p. 45, haut : Explorer, bas : F. Jalain/Explorer ; p. 46, haut : L. Giraudou/Explorer, bas : Garcin/DIAF ; p. 49, haut : Lauros – Giraudon, bas : Artephot/Faillet ; p. 53, haut : D. Lérault/DIAF, bas : A. Froissardey/Explorer ; p. 54, haut : G. Biollay/DIAF, bas : © Cahiers du Cinéma ; p. 57, haut : F. Jalain/Explorer, bas : N. Le Corre/Gamma ; p. 62, haut : Gauthier/Pix, bas : Gérard/DIAF ; p. 65, Malhinger/Pix ; p. 67, D. Thierry/DIAF ; p. 71, haut : M. Dusart/Pix, bas : Gérard/DIAF, p. 75, haut : Garcin/DIAF ; bas : L. Giraudou/Explorer ; p. 76, Ph. Dannic/DIAF ; p. 77. J. Guillard/Scope.

Couverture : Agata Miziewicz ; photo : A. Touy/Explorer.

Conception graphique : Agata Miziewicz.

Composition et maquette : Joseph Dorly éditions.

Iconographie : Brigitte Hammond.

ISBN : 2-01-155003-3

© HACHETTE LIVRE, 1995, 43, quai de Grenelle, 75905 Paris Cedex 15.

« En application de la loi du 11 mars 1957, il est interdit de reproduire intégralement ou partiellement le présent ouvrage (la présente publication) sans autorisation de l'éditeur ou du Centre Français de l'exploitation du droit de copie (3, rue Hautefeuille – 75006 Paris). »

VIDÉO
RÉGIONS GOURMANDES

Découvrir la France en la savourant !

Une série de sensibilisation à la France et au français à travers dix régions, leurs produits, leurs recettes, leurs accents.

5 cassettes de 52'
(2 régions par cassette, 2 émissions par région) :
- PROVENCE-CÔTE D'AZUR / LANGUEDOC-ROUSSILLON
- POITOU-CHARENTES / MIDI-PYRÉNÉES
- AUVERGNE / BOURGOGNE
- ALSACE / CHAMPAGNE-ARDENNE
- NORMANDIE / ÎLE-DE-FRANCE

Chaque émission de 13' comporte six séquences :
- Localisation de la région (30")
- Présentation de la région (1'30")
- Les produits de la recette (2'30")
- La recette par un chef et par un amateur (4')
- Fromages et desserts (2')
- Boisson conseillée (1'45)

Chaque cassette est accompagnée d'un livret pédagogique.

Sommaire

REPÈRES 5

Chapitre 1 : Une terre de soleil et de vent 7
Où commence la Provence ? 7
Fait-il toujours beau, en Provence ? 10

Chapitre 2 : Un million d'années d'histoire 12
Des hommes en marche 12
Marseille, la Grèce et Rome 12
La Provence et la France 15

Chapitre 3 : Des maisons et des hommes 17
Le village provençal 17
Des maisons dans la campagne 18
Des villes sur la plage 20

Chapitre 4 : Aïoli et bouillabaisse 23
La cuisine aux trois secrets 23
Une soupe bouche un trou 24
La vraie bouillabaisse, c'est celle de maman ! 25
Pas de repas sans vin ! 26

Chapitre 5 : D'Orange à la mer 30
« Le plus beau mur de mon royaume » 30
Sur le pont d'Avignon... 31
Un étranger nommé Vincent 34
Une terre d'eau et de sel 40
Trois saintes Marie dans une barque 43

Chapitre 6 : Deux capitales pour une seule région 47
Ville d'art, ville d'eau 47
Paul, Émile, Darius et les autres 48
Une ville autour d'un port 51
Des montagnes magiques 55

Chapitre 7 : Nice et la Côte d'Azur 59
Le « chemin des Anglais » 59
Les Merveilles 64
Des villages aimés des peintres 65

Chapitre 8 : Entre Durance et Ventoux 69
La Haute-Provence 69
Un de Manosque 70

**Chapitre 9 : Un passé toujours vivant,
un avenir déjà là** 73
La fête au village 73
Santons et ordinateurs 74

MOTS ET EXPRESSIONS 79

NOTE : les mots accompagnés d'un * dans le texte sont expliqués dans « Mots et expressions », en page 79.

Repères

Pour beaucoup de gens, la Provence c'est le soleil et la mer, quelque part dans le sud de la France. C'est une grande plage, un lieu de vacances, plein de lumière et de couleurs. Un pays où les habitants parlent avec un accent chantant, prennent le temps de vivre et semblent toujours heureux.

Mais la Provence, c'est surtout une grande région, la région Provence-Alpes-Côte d'Azur, que ses habitants appellent PACA. Elle est formée de six départements [1] : le Vaucluse, les Bouches-du-Rhône, le Var, les Alpes-Maritimes, les Alpes-de-Haute-Provence et les Hautes-Alpes. Elle couvre plus de 32 000 kilomètres carrés, plus que la Belgique, presque autant que la Suisse. Quatre millions d'habitants y vivent toute l'année. L'été, elle reçoit plus de huit millions de touristes venus du monde entier. La plupart de ces visiteurs vont vers la mer. Il y a trois cent cinquante kilomètres de côtes entre la Camargue et Menton, qui est proche de la frontière italienne. Derrière cette côte, la Provence s'étend sur plus de cent kilomètres vers le nord, vers des plaines, des collines, des montagnes...

Car la Provence, c'est autant les hautes montagnes des Alpes que les bords de la Méditerranée. Le quart des terres provençales est à plus de mille mètres au-dessus du niveau de la mer, un autre quart entre cinq cents et mille mètres. Nulle part ailleurs en Europe, ni dans les autres pays méditerranéens, on ne trouve ce double visage, marin et montagnard. Grâce à cela, la Provence nous offre des paysages magnifiques. C'est là qu'est né un art de vivre unique, à la fois à la ville et près de la nature, un art de vivre très ancien et toujours présent.

---

1. La France est formée de 95 départements.

CHAPITRE 1

UNE TERRE DE SOLEIL ET DE VENT

L'été arrive et avec lui les rêves de vacances.

Saint-Tropez, Cannes, Juan-les-Pins : vous imaginez la plage, l'eau bleue et chaude de la Méditerranée... Ou vous préférez peut-être la campagne, à l'intérieur des terres, dans les collines [1] qui sentent bon la lavande*. Le soir vient, les cigales* chantent, vous roulez jusqu'au petit village... Sur la place, sous les grands platanes*, on a sorti quelques tables de café. Vous vous asseyez, vous buvez un pastis*, ou bien vous goûtez le petit vin du pays... Vous restez là un moment, à regarder les hommes jouer aux boules... Vous êtes si bien que le temps n'existe plus...

Votre décision est prise : cet été, vous irez en Provence !

Où commence la Provence ?

En quittant Paris, vous prenez l'autoroute du Soleil et vous roulez vers le sud, en suivant le Rhône, depuis Lyon jusqu'à la mer. Lorsque vous arrivez vers Bollène, cent kilomètres avant Marseille, vous commencez à sentir que quelque chose a changé. L'air est devenu plus pur. La lumière est plus claire, avec une qualité qu'on ne trouve nulle part ailleurs. Les arbres ne sont plus les mêmes. Maintenant, de grands cyprès* sont plantés entre les champs pour couper le vent. Sur les places des villages et le long des routes, des platanes aux troncs [2] jaune clair donnent de l'ombre.

Si vous venez de Grenoble, à travers le Dauphiné [3], vous avez suivi de larges vallées à l'herbe verte, avec

---

1. Colline : petite montagne.
2. Tronc : partie de l'arbre de laquelle partent les branches.
3. Dauphiné : région des Alpes centrales, au nord de la Provence.

La région Provence-Alpes-Côte d'Azur, entre la montagne et la mer : au nord, les Alpes-de-Haute-Provence et les Alpes-Maritimes ; au sud, la Méditerranée. Elle s'étend depuis les plaines à l'est du Rhône, jusqu'à Menton, près de l'Italie.

de grands sapins [1] et, plus haut, des sommets [2] enneigés. Bientôt vous arrivez à Sisteron, et là, vous ne pouvez pas vous tromper : l'air est plus léger, la lumière plus forte. Elle dessine mieux le paysage. La vallée de la Durance se resserre, la montagne devient plus sèche, les petits chênes verts*, qui ne perdent jamais leurs feuilles, remplacent les sapins, les moutons remplacent les vaches, les maisons sont différentes, vous êtes en Provence...

Si vous avez la chance d'arriver par bateau à Marseille, à Toulon ou à Nice, vous serez étonnés de voir, juste au-dessus de ces grandes villes, la montagne, d'abord couverte d'arbres puis toute nue, montrant ses grandes pierres blanches au soleil et au vent.

Enfin, si vous venez en Provence par avion, vous passerez au-dessus d'immenses forêts, dont certaines descendent jusqu'au bord de la mer. Car les trois quarts de la région sont des terres sauvages !

*F*AIT-IL TOUJOURS BEAU, EN PROVENCE ?

Tous les amoureux de la Provence ont chanté son soleil, sa lumière extraordinaire, sa température agréable, la rareté de ses pluies. Il est vrai que la température moyenne annuelle est la plus forte de France, avec 15 °C. Partout en provence le soleil brille plus de deux mille deux cents heures par an, et, dans le sud, sur la Côte d'Azur, il brille trois mille heures !

L'été est la plus belle saison, en Provence. En juin, juillet et août, la température descend rarement en dessous de 30 °C pendant la journée. Juillet est le mois le plus chaud. Heureusement, les nuits peuvent être fraîches, grâce au vent qui souffle de la mer. La pluie n'est qu'un mauvais

---

1. Sapin : arbre des montagnes qui ne perd jamais ses feuilles.
2. Sommet : le point le plus haut d'une montagne.

souvenir, jusqu'à la fin du mois d'août.

Mais à l'automne, quand les touristes sont rentrés chez eux, la pluie revient et elle peut être très violente. Parfois il tombe en un seul jour, à l'automne ou au printemps, plus d'eau que pendant tout le reste de la saison ! Alors la pluie emporte la terre des montagnes, entraînant des arbres entiers. Les rivières grossissent en quelques minutes... La neige peut tomber très tôt, surtout dans les Alpes-Maritimes.

Les températures peuvent être aussi glacées l'hiver qu'elles sont brûlantes l'été. Quand le mistral se met à souffler, la température peut tomber de 10 °C en une heure ! Le mistral est un vent du nord qui souffle dans la vallée du Rhône et jusqu'à Saint-Raphaël et Saint-Tropez. Son nom veut dire « maître » en provençal, car lorsqu'il souffle, tout s'incline[1] devant lui. Sa vitesse dépasse souvent les cent kilomètres à l'heure ! L'hiver, lorsque le mistral arrive, il balaye tous les nuages et le ciel reprend son bleu magnifique. Le soleil brille, mais qu'il fait froid ! Dans la Provence alpine, la température moyenne de janvier est de - 6 °C ; sur les collines du centre, elle est proche de 0 °C, et sur la Côte d'Azur, il peut geler et même neiger lorsque souffle le vent d'est.

Au printemps, les belles journées ne sont pas rares, malgré des pluies fortes, comme en automne. Puis revient l'été, et la chaleur sèche s'installe pour trois mois !

Ainsi la Provence n'est pas toujours le paradis ! Comme l'a dit le professeur André Siegfried, c'est « un pays froid où le soleil est chaud » ! Mais depuis des milliers d'années des hommes habitent et travaillent sur cette terre. Ils ont appris à y vivre, ils la transforment.

---

[1]. S'incliner : baisser la tête.

CHAPITRE 2

UN MILLION D'ANNÉES D'HISTOIRE

Des hommes en marche

Vers 950000 avant Jésus-Christ, dans une caverne [1] près de Roquebrune, des chasseurs se sont arrêtés. Depuis longtemps ils suivaient de grands animaux qu'ils tuaient avec des pierres et des bâtons. Maintenant ils se sont installés à l'abri du rocher, près d'une source claire. Ce sont les premiers habitants de la Provence. On a retrouvé dans la grotte du Vallonet, près de Roquebrune-Cap-Martin, dans les Alpes-Maritimes, les restes de leurs repas : des os de rhinocéros, d'hippopotames...

Tout près d'une rivière et non loin de la mer ils ont construit leurs huttes [2] : 380 000 ans avant Jésus-Christ, c'est Terra Amata, le premier village, là où aujourd'hui s'élève la ville de Nice.

Bien longtemps après, vers 600 avant Jésus-Christ, la Provence s'est couverte de villages construits sur les hauteurs, un peu loin de la mer, pour se protéger des pillards [3].

Marseille, la grèce et rome

À cette époque, des marins grecs, venus de Phocée, fondent Massalia, qui deviendra Marseille. D'autres Grecs créent Nikaia et Antipolis, qui deviendront Nice et Antibes. Ce sont de simples comptoirs, c'est-à-dire

---

1. Caverne : grand trou dans la montagne.
2. Huttes : maisons en bois, très simples, sans fenêtre.
3. Pillards : voleurs.

des villages au bord de la mer où les commerçants grecs apportent des marchandises de leur pays, et repartent avec celles des marchands venus du nord. Grâce aux Grecs, la Provence apprend à cultiver la vigne et l'olivier*. Ils font maintenant tellement partie du paysage ! Qui pourrait imaginer la Provence sans eux ?

Massalia est bientôt une ville riche et puissante et devient l'alliée des Romains. En 125 avant Jésus-Christ, attaquée par des peuples de l'intérieur des terres, elle appelle Rome à son secours. Les Romains sauvent Marseille, mais s'installent au nord de la ville, au carrefour des grands chemins qui mènent en Espagne, en Italie et vers le nord, le long du Rhône. C'est la naissance d'Aix-en-Provence, la capitale de la « Provincia », qui donnera son nom à la Provence.

La Provincia, « plutôt qu'une province, c'est une autre Italie », disait Pline, un grand écrivain romain. Et c'est vrai ! On y parle latin, on s'y sent romain. Les villes sont magnifiques. Aix, Arles, Fréjus, Cimiez, au-dessus de Nice, Orange, Vaison – qu'on appelle aujourd'hui Vaison-la-Romaine –, Carpentras ou Cavaillon se couvrent de grands monuments de pierre. Certains existent encore : les arènes[1] d'Arles, le théâtre d'Orange. Ailleurs on a découvert des ruines de rues, de maisons, de murs romains. Plus loin, dans les montagnes, les Romains installent des petites places fortes, c'est-à-dire des villes militaires, pour empêcher les peuples barbares[2] d'entrer en Provence : Digne, Gap, Embrun existent toujours et sont à la frontière de la Provence actuelle.

Grâce aux siècles de travail des Romains, le pays prend le visage qu'il a gardé jusqu'à aujourd'hui : ses villes et ses villages, ses routes, et même la façon de cultiver, comme en Italie, le blé, la vigne et l'olivier...

---

1. Arènes : lieu où les Romains faisaient des jeux, des combats entre hommes (les gladiateurs) ou contre des animaux...
2. Barbares : ceux qui ne sont pas romains.

Vaison-la-Romaine : en haut, le théâtre romain, en bas, les ruines d'une ville antique.

À la fin de l'Empire romain, la Provence reste protégée des barbares. L'agriculture et le commerce y sont très riches, Arles reçoit des marchandises du monde entier. L'empereur vient souvent y habiter.

Malgré la fin de l'Empire romain et l'arrivée des peuples du nord et de l'est, Arles et Marseille conservent la culture antique. Grâce au commerce, elles sont encore longtemps riches et puissantes. Mais, vers l'an 600, la peste, terrible maladie venue d'Asie, apparaît pour la première fois en Provence. Beaucoup de gens meurent, les villes se vident et c'est la fin de la richesse.

La Provence et la France

Pendant des siècles la Provence va appartenir à des princes ou à des rois étrangers qui ne s'y intéressent pas beaucoup : les Francs, les petits-fils de Charlemagne, vers 850, puis le royaume de Bourgogne vers 950. Vers l'an 1000, la Provence passe aux mains des comtes de Toulouse, puis des comtes de Barcelone ; en 1246, Charles d'Anjou, le frère du roi de France, Louis IX, devient comte de Provence. Pendant deux cent cinquante ans, le comté appartiendra à la famille d'Anjou. En 1481 le dernier comte, Charles du Maine, meurt. Louis XI, le roi de France, devient maître de la Provence, et il promet de laisser certaines libertés à ce pays. Mais peu à peu la Provence doit obéir aux lois françaises. Aix est la capitale de la région. Les Provençaux apprennent le français, la langue du nord, mais ils gardent leur manière chantante de parler : l'accent provençal.

Du XVIe au XVIIIe siècle, le pays vit surtout de l'agriculture : on cultive le blé, on élève des moutons, on continue à faire du vin. On commence aussi à élever un drôle d'animal, un petit ver blanc, qui vit sur un grand arbre, le mûrier : c'est le ver à soie. Avec les fils qu'il donne on fait les plus beaux tissus, à Avignon ou à Arles.

La peste à Marseille, en 1720.

Marseille et les autres ports s'enrichissent grâce au commerce et se couvrent de beaux monuments.

Pendant cette période, la peste, cette maladie venue d'Orient avec les bateaux, frappe plusieurs fois. La grande peste de 1720 dure près de deux ans et tue cent mille personnes, dont trente-huit mille Marseillais – un habitant sur deux !

La Révolution française, en 1789, divise la Provence en trois départements : les Bouches-du-Rhône, le Var et les Basses-Alpes. Le comté de Nice, qui appartenait à la Savoie, est pris par les troupes françaises et devient le département des Alpes-Maritimes. Après 1815 et la chute de Napoléon, Nice redevient italienne, jusqu'en 1860, année où ses habitants et ceux de la Savoie votent pour le rattachement à la France.

CHAPITRE 3

DES MAISONS ET DES HOMMES

LE VILLAGE PROVENÇAL

Les villages sont un des grands charmes du paysage provençal. Ils sont rarement au bord des rivières ou au fond des vallées, car dans ce pays il suffit d'un orage pour transformer les rivières et les fleuves en une terrible force qui détruit tout sur son passage. La plupart des villages sont donc sur les hauteurs. Et puis, sur les collines, on pouvait mieux se défendre, à l'époque où les guerres et les attaques de pillards n'étaient pas rares. Dans le Var et l'ancien comté de Nice, les beaux villages de La Cadière-d'Azur ou de Saint-Paul, à quelques kilomètres de la mer, se sont construits sur des collines rocheuses à l'époque où les pirates[1] de la Méditerranée attaquaient la Provence. De plus, dans les vallées et au bord de la mer, il y avait des marécages* avec beaucoup de moustiques* qui donnaient des maladies mortelles.

Les maisons de ces villages sont très près les unes des autres, les rues sont étroites, parfois remplacées par des escaliers. Tout en haut du village on trouve l'église. Sur la place, les hommes se rencontrent ; ils discutent, ils jouent aux boules sous les platanes ou aux cartes dans les cafés. C'est aussi sur la place que les gens de la campagne rencontrent ceux du village, viennent vendre leurs produits et acheter ce dont ils ont besoin, car c'est là que se tient le marché et que l'on trouve la plupart des commerces. C'est là que les ouvriers agricoles atten-

---

1. Pirates : voleurs qui vivent sur des bateaux et attaquent les autres bateaux ou les villages au bord de la mer.

daient qu'on leur donne du travail. C'est là enfin que se trouvent la mairie, le monument aux morts, la fontaine, tout ce qui fait une vraie ville aux yeux de ses habitants. Car en Provence chaque village est une vraie petite ville. Il n'y a pas de village-rue, construit le long d'une route, ni de hameau [1] : il y a des petites villes ou des maisons isolées.

Si la place est le lieu des hommes, la maison est celui des femmes. Puis il y a le lavoir, où les femmes du village venaient laver le linge et discutaient de tout, de la vie de leurs voisines surtout, dit-on, ce qui entraînait souvent de terribles disputes ! Encore aujourd'hui, la place reste un lieu surtout masculin, et dans certains villages les femmes – qui pourtant ont toutes une machine à laver – continuent d'aller rincer [2] leur linge au lavoir...

Mais en haut des collines il n'y a pas d'eau. Alors les gens ont commencé à descendre quand il y a eu moins de danger de guerre. Ainsi peut-on voir aujourd'hui les plus vieilles maisons sur les hauteurs et les maisons nouvelles en bas, près des routes.

DES MAISONS DANS LA CAMPAGNE

En dehors des villages, au milieu des vignes ou des champs, on voit encore de grandes maisons isolées, que les Provençaux appellent « mas », « bastide », « grange », ou encore tout simplement « campagne ». C'est là qu'habitaient et que souvent habitent encore les agriculteurs. En général, dans les plaines, c'est un bâtiment bas, où toute la famille et les animaux de la ferme sont réunis sous un seul toit. On y trouve côte à côte la bergerie où dormaient les moutons avec leur berger, l'écurie pour les chevaux et les ânes, et la maison d'habitation, avec au rez-de-chaussée les pièces communes – cuisine, grande

---

1. Hameau : tout petit village où il n'y a ni mairie, ni école, ni église.
2. Rincer : plonger le linge qui a été lavé dans une eau claire.

Un village bâti sur les hauteurs : Les Baux-de-Provence.

Le charme d'une rue de village construite en escalier.

salle – et à l'étage le logement des patrons. Au-dessus de l'écurie on gardait le fourrage [1] pour l'hiver, et dans le grenier, au-dessus de la maison des maîtres, on mettait les sacs de blé et de farine. Il ne faut pas oublier la citerne, où l'on gardait la précieuse eau des pluies du printemps et de l'automne, et le puits d'où l'on tirait l'eau fraîche pour boire. Dans la cour, devant la maison, on a planté quelques grands arbres. Sous leur ombre fraîche on se repose des durs travaux des champs.

Dans les régions de montagne, le mas a en général trois étages : en bas les animaux, au-dessus la cuisine et la pièce commune, en haut les chambres, puis le grenier.

Plus près des grandes villes, comme Aix, Marseille ou Toulon, les bastides sont de grosses maisons qui appartenaient aux riches bourgeois. C'était à la fois une maison de campagne, où ils venaient passer l'été loin des chaleurs (et des odeurs...) de la ville, et une ferme, occupée toute l'année par un fermier. Aujourd'hui, beaucoup de ces maisons sont achetées par des Parisiens ou des gens du Nord, à la recherche du calme et du soleil...

Des villes sur la plage

Les grandes villes ont aussi gardé un peu de ce qui rend les villages de Provence si agréables : les places ombragées, les fontaines, les rues étroites dans les vieux quartiers. Malheureusement il y a de plus en plus de voitures et de plus en plus de pollution, et il est de moins en moins possible de passer un bon moment le soir devant sa maison ou bien de se promener sur les avenues. Malgré tout, grâce aux efforts pour limiter la circulation automobile, le calme commence à revenir dans les vieux centres des grandes villes.

La Provence a plus de trois cents kilomètres de côtes. Autrefois la plupart de ces côtes étaient désertes, ou à

---

1. Fourrage : nourriture pour les animaux.

peu près. Seuls quelques ports bien protégés, comme Marseille, Toulon, Antibes ou Nice, et de petits villages de pêcheurs se trouvaient au bord de la mer. Mais depuis le XIXe siècle les progrès dans la lutte contre les moustiques, la douceur du climat et le goût des gens du Nord pour les bains de mer ont amené de plus en plus de monde sur les côtes de la Provence. Au XXe siècle, on a construit presque partout des immeubles le long de la côte. Des villes ont poussé sur la plage. Un exemple : Cagnes-sur-Mer. Vers 1900, le peintre Renoir achète une maison sur la colline des Collettes. C'est là qu'il peindra jusqu'à ses derniers jours. Cagnes était alors une petite ville sur une haute colline, à trois kilomètres de la mer. Les maisons étaient serrées autour du vieux château, et au bord de l'eau il y avait un tout petit village de pêcheurs, le Cros-de-Cagnes. Il n'y avait pas plus de mille habitants. Vers 1950 Cagnes s'est agrandie et le Cros est devenu une petite ville de bord de mer. Mais tout autour c'est encore la campagne, les marécages. En 1980 Cagnes s'étend de la côte jusqu'au château et même plus loin. Des immeubles de dix étages se dressent devant la plage, il y a des routes et des autoroutes, plus de quarante mille personnes y vivent toute l'année et plus de cent mille y passent l'été...

Aujourd'hui la côte est presque partout recouverte de constructions. Mais heureusement certains endroits sont restés sauvages, grâce aux parcs naturels, comme le cap Lardier ou le Parc national de l'île de Porquerolles, dans le Var, ou encore la Réserve nationale de Camargue, le Parc national marin de la baie de La Ciotat, dans les Bouches-du-Rhône.

Un mas provençal, entouré de vignes.

Une ville sur la plage : Cannes et sa baie magnifique.

CHAPITRE 4
AÏOLI ET BOUILLABAISSE

La cuisine aux trois secrets

La cuisine provençale est unique au monde. Et les Provençaux ne sont pas les seuls à le dire ! Elle ne ressemble à aucune autre cuisine de France, elle ne ressemble pas à la cuisine italienne ni à celle des autres pays méditerranéens. Mais qu'est-ce qui la rend si particulière ? D'abord, elle est simple. En Provence, on ne trouve pas ces mangeurs qui passent des heures à table, à avaler cinq ou six plats bien gras, arrosés de vins épais, suivis de trois sortes de fromages... Non, ce que recherchent les Provençaux, c'est le goût vrai des produits de la terre et des poissons de la mer. Et pour que ce goût soit encore plus présent, pour qu'on sente dans sa bouche tous les parfums de la nature, les cuisinières de Provence ont un secret, ou plutôt trois secrets : l'huile d'olive*, l'ail* et les aromates*.

De l'huile jeune, faite dans l'année, avec des olives bien choisies et bien mûres, de l'huile qui garde le goût très doux du fruit. Ceux qui disent que l'huile d'olive a un goût trop fort n'ont jamais eu la chance de goûter de la vraie huile fruitée !

De l'ail, cultivé au jardin, qui sent la campagne. Lorsqu'il est mûr, on l'arrache, on le fait sécher au soleil, on attache ensemble les queues, on les pend dans la cuisine... et voilà du soleil pour toute l'année ! Mais attention, on ne met pas l'ail n'importe comment dans les plats, non ! Il faut en mettre un peu, sauf dans certains plats. Il aide à faire ressortir les autres parfums, on ne doit pas sentir que lui ! L'ail est excellent pour la santé.

Il permet au sang de mieux circuler. On dit aussi qu'il fait vivre vieux. Annibal Camous est très célèbre à Marseille : chaque jour il mangeait un peu d'ail, et chaque dimanche un aïoli*. Il a vécu cent quatre ans. Quand son fils est mort, à quatre-vingts ans seulement, il pleurait : « Je savais bien qu'il allait mourir jeune. Le pauvre petit n'aimait pas l'ail ! »

Quant aux aromates, il faut aller les chercher là-haut, sur la colline, là où le soleil fait peu à peu venir leur parfum. Et malheur à la cuisinière qui verse les herbes de Provence dans la casserole sans réfléchir ! Il faut au contraire en mettre ni trop ni trop peu, une feuille de laurier ou de sauge, une pointe de safran, un brin[1] de thym ou de fenouil ! Dans toutes les cuisines de Provence, vous verrez, bien rangées, les boîtes d'herbes parfumées.

UNE SOUPE BOUCHE UN TROU

Autrefois, en Provence, on ne mangeait pas souvent de viande. Le plat principal, à midi comme le soir, était la soupe ; on dit encore que la « soupe bouche un trou »...

Le plus souvent la soupe est un bouillon[2] de légumes : l'été on cuit les légumes frais du jardin ou du marché, l'hiver des légumes secs. On fait aussi des soupes avec de l'eau et de la farine : ce sont les « soupes au bâton » ; on les appelle ainsi parce qu'on doit les tourner longtemps avec une baguette de laurier... Parfois la soupe ne contient ni légumes ni farine : c'est la « soupe d'eau », un simple bouillon d'ail et de sauge, où l'on trempe du pain avec un peu d'huile d'olive. Et on l'aime, cette soupe à l'ail ! On dit que « la soupe à l'ail sauve la vie » ! Et aussi : « Qui a de la sauge dans son jardin n'a pas besoin de médecin ! »

---

1. Brin : petit morceau.
2. Bouillon : pour faire un bouillon on met, dans beaucoup d'eau, de la viande ou du poisson, des légumes, et on fait cuire longtemps.

Les légumes, on en mange tous les jours. À chaque saison sa manière de les préparer. L'hiver, on fait les « tians » : dans de grands plats en terre on met des pommes de terre ou des courges coupées en tranches, ou bien des épinards. On ajoute des aromates, un peu de bonne huile, et on cuit au four tout doucement. Autrefois, le matin, chaque cuisinière apportait son « tian » chez le boulanger. Après avoir cuit le pain, le boulanger mettait tous les « tians » dans le four encore chaud. À l'heure du repas, chacun venait reprendre son dîner qui avait cuit pendant des heures.

Au printemps, on mange des salades ; on fait cuire les premiers légumes de l'année : jeunes carottes, petits navets bien tendres, artichauts [1] nouveaux. L'été, les tomates, les aubergines, les courgettes [2] sont cuites ensemble avec de l'huile d'olive et de l'ail : c'est la ratatouille. Ou bien on prépare des légumes « farcis » : on les creuse, puis on les remplit d'un mélange bien parfumé d'herbes et de viande coupée en tout petits morceaux. On fait cuire au four... c'est délicieux !

LA VRAIE BOUILLABAISSE, C'EST CELLE DE MAMAN !

Le dimanche, on mange la daube : la viande de bœuf a cuit longtemps dans du vin avec des aromates, de l'ail, du laurier, des écorces [3] d'orange séchées... Il y a autant de façons de préparer la daube qu'il y a de vieilles familles provençales. Et chacun vous dira la même chose : « La vraie recette, c'est la nôtre ! »

Les jours de fête, au bord de la mer, on remplace souvent la daube par un plat de poisson. Le plus célèbre

---

1. Les carottes et les navets poussent dans la terre. Les carottes sont orange, les navets sont blancs. Les artichauts sont des sortes de fleurs vertes : on mange le bout des feuilles et le cœur.
2. Les aubergines sont des légumes longs et violets, les courgettes sont longues et vertes.
3. Écorce : ici, peau de l'orange.

– et le plus aimé – c'est la bouillabaisse. Là aussi, autant de «vraies» recettes que de familles ! En tout cas, pour la réussir, il faut au moins sept sortes de poissons de roche, ceux qui vivent dans les trous des rochers, et tout frais pêchés. On les fait cuire dans un mélange d'eau, d'huile d'olive et d'aromates, «juste ce qu'il faut», ni trop ni trop peu. On sert le poisson à part, et le bouillon, cette «soupe d'or», avec du pain trempé dedans. Et il ne faut pas oublier la rouille, qui est un mélange d'ail et de piments [1] rouges écrasés, avec un peu de pain et d'huile d'olive. Un peu de rouille, et la bouillabaisse prend un parfum merveilleux. Mais attention ! un peu trop de rouille et votre bouche prend feu !

Un autre plat que les Provençaux adorent, c'est l'aïoli. Frédéric Mistral, le grand écrivain provençal, disait : «L'aïoli, c'est toute la chaleur, la force, la joie du soleil de Provence.» Ce qui donne le goût à l'aïoli, c'est encore l'ail et l'huile d'olive mélangés à un jaune d'œuf. Avec des poissons blancs bouillis et des légumes, l'aïoli se mange surtout le vendredi, ou bien les soirs de fête dans les villages : sur la place on prépare une très grande table, et tous les habitants se réunissent autour d'un «aïoli monstre».

Les anchois* sont des petits poissons qu'on prépare avec du sel pour les conserver toute l'année. En écrasant quelques anchois avec de l'huile, du vinaigre et de l'ail, on fait l'anchoïade. C'est très bon avec des légumes au fort goût de campagne, ou tout simplement sur une tranche de pain.

Pas de repas sans vin !

Un bon repas doit être accompagné d'un bon vin – et les bons vins ne manquent pas en Provence. Les Grecs qui ont créé Marseille ont apporté avec eux la vigne dans

---

1. Piment : légume petit, fin et long, qui brûle comme le poivre.

Aubergines, tomates, courgettes, ail et aromates : c'est la ratatouille.

Tout ce qu'il faut pour réussir une bouillabaisse marseillaise !

la vallée du Rhône. C'est l'origine des fameux Côtes-du-Rhône.

À quelques kilomètres au sud d'Orange, il y a un beau village sur une colline toute couverte de vignes, c'est Châteauneuf-du-Pape. Là, on produit le meilleur de tous les Côtes-du-Rhône, le Châteauneuf-du-Pape. C'est un grand vin chaud de soleil, d'un rouge foncé, et qui va à merveille avec les viandes, les rôtis, les fromages.

Le Tavel est un autre Côtes-du-Rhône, d'un beau rouge clair et doré, très parfumé, très agréable à boire bien frais l'été.

Sur les collines autour du mont Ventoux, et plus au sud, dans le Lubéron, on trouve de nombreux vignobles[1]. Les Côtes-du-Ventoux et les Côtes-du-Lubéron sont des vins plus légers que les côtes-du-rhône ; ils sont aussi plus fruités.

Tout autour d'Aix-en-Provence, on cultive les plus anciens vignobles de la région. Ils donnent des vins blancs parfumés qui accompagnent très bien les poissons, des vins rosés fruités et des vins rouges chauds et forts. Ce sont les vins des côteaux d'Aix-en-Provence.

Entre Marseille et Toulon, à La Cadière-d'Azur et au Castellet, qui sont peut-être les deux plus beaux villages de Provence, à Saint-Cyr-sur-Mer et au Beausset, on produit des vins excellents. Autrefois ils partaient du port de Bandol sur des bateaux à voiles, vers des pays lointains. C'est pour cela qu'on les appelle les vins de Bandol. Les blancs sont forts. Ils sont merveilleux avec les plats de poisson. Les rouges ont une couleur dorée et leur goût riche convient aux rôtis et aux plats de viande. Les rosés sont très légers dans la bouche, mais il ne faut pas trop en boire car ils sont très forts et montent vite à la tête !

Entre Toulon et Saint-Tropez, entre la mer et les montagnes, c'est le pays des Côtes-de-Provence. Ces vins, qui existent depuis le Moyen Âge, sont d'une grande

---

1. Vignoble : là où pousse la vigne.

Les fameux vignobles des Côtes-du-Rhône.

qualité. Ils sont vendus dans le monde entier. Les vins rosés sont les plus connus, mais il ne faut pas oublier les Côtes-de-Provence blancs et rouges.

Il ne faut pas oublier non plus tous les vins moins connus. Les vins de Cassis, tout près de Marseille et de la mer, qui sont délicieux avec la bouillabaisse. Les vins du pays de Nice, qu'on boit en mangeant la pissaladière, cette tarte [1] à l'oignon [2] avec des anchois et des petites olives noires. Et aussi les vins doux, comme le muscat de Beaumes-de-Venise, près d'Orange, qui est si agréable au dessert, avec des gâteaux...

---

1. Tarte : sorte de gâteau plat, sucré ou salé, sur lequel on met des fruits ou des légumes.
2. Oignon : légume blanc qui pousse sous la terre.

CHAPITRE 5

D'ORANGE À LA MER

« LE PLUS BEAU MUR DE MON ROYAUME »

Quand on arrive à Orange, il faut choisir : à droite on va vers l'Espagne, à gauche c'est la Provence. Il y a bien longtemps, les Romains s'étaient installés ici. À l'entrée de la ville, sur la route nationale 7, l'ancienne *via* Agrippa, on voit d'abord l'arc de triomphe, construit vers 20 avant Jésus-Christ pour fêter les victoires des armées romaines sur les Gaulois [1]. Haut de dix-neuf mètres, long de vingt mètres, on l'avait transformé en petit château au Moyen Âge. Aujourd'hui chacun peut le voir tel qu'il était il y a deux mille ans... ou presque !

Orange, c'est déjà toute la Provence : ses petites places à l'ombre des arbres, le marché du jeudi sur le cours Aristide-Briand... Il faut visiter le théâtre antique, construit à la même époque que l'arc de triomphe. C'est le plus beau et le mieux conservé du monde. Ses gradins [2] s'appuient sur une colline. Ils pouvaient recevoir sept mille spectateurs, assis en demi-cercle devant la scène [3]. Le mur de scène, face aux gradins, est long de cent trois mètres et haut de trente-six. Louis XIV disait : « C'est le plus beau mur de mon royaume. » C'est le seul mur de scène au monde à être encore entier. Il était décoré de pierres de couleur et de statues. On a retrouvé celle de l'empereur Auguste, haute de plus de trois mètres

---

1. Gaulois : anciens habitants de la France, qui s'appelait la Gaule.
2. Gradins : sièges en pierre.
3. Scène : endroit où l'on joue les pièces de théâtre.

cinquante. On l'a remise à sa place au milieu du mur. Ce théâtre est extraordinaire : même assis tout en haut des gradins, on entend clairement quelqu'un parler tout doucement au centre de la scène ! Dans ce décor merveilleux, ont lieu depuis 1860 les « Chorégies d'Orange ». Chaque été les meilleurs chanteurs viennent chanter des opéras et, dans le monde entier, les amoureux du chant rêvent d'assister aux Chorégies.

Sur le pont d'Avignon...

Savez-vous que pendant près de cent ans les papes[1] ont quitté Rome pour s'installer en France ? Vers 1300, à cause des guerres, le pape vient en Provence. Tout près d'Avignon, l'Église possédait le Comtat Venaissin, autour de la petite ville de Venasque. Le pape y habite d'abord, puis il s'installe à Avignon. Il faut dire qu'en ce temps-là le pape était français et qu'il avait été évêque d'Avignon !

Benoît XII devient pape en 1334. C'est un ancien moine, qui aime les choses simples. Il fait construire un château fort, avec des hauts murs et des tours, qu'on appelle le Palais Vieux. Dix ans plus tard, Clément VI, le nouveau pape, agrandit le château en faisant construire le Palais Neuf, plus riche et plus décoré. Aujourd'hui, le palais des Papes, avec ses couloirs, ses salles et ses chapelles, paraît bien vide et un peu triste. Mais il faut l'imaginer avec tous les beaux meubles, les peintures sur les murs, avec tous les personnages qui l'habitaient, les hommes d'Église et leurs magnifiques habits, les gardes avec leurs armes et leurs vêtements colorés, les serviteurs, les musiciens, le peuple qui venait dans la cour pour voir le pape...

Si vous aimez les constructions du Moyen Âge, faites un petit voyage jusqu'à l'abbaye de Sénanque. Vous par-

---

1. Pape : chef de l'Église catholique.

tez d'Avignon en direction du sud-est, en allant vers Apt. Dans un endroit magnifique, vous verrez les quelques bâtiments romans de l'abbaye. Depuis 1148 et jusqu'à la Révolution de 1789, des moines ont vécu ici, dans ce paysage de forêts et de montagnes. Aujourd'hui les bâtiments de l'abbaye sont occupés par un centre culturel et un musée. Mais, tout autour, le silence qui enveloppait autrefois la vie des moines règne toujours. Sénanque est une des trois abbayes romanes de Provence, avec celle de Silvacane, construite à la même époque, un peu plus au sud, au milieu des marécages de la Durance, et celle du Thoronet, dans le Var, non loin de Toulon.

Vous tomberez sous le charme d'Avignon. Au bord du Rhône, la ville est entourée de murs solides, percés de sept portes. À l'intérieur, des rues étroites mènent de place en place, jusqu'au palais des Papes. Sur chaque place il y a les anciens palais des nobles et des princes de l'Église. De nombreuses églises s'élèvent dans la ville. La plupart datent du Moyen Âge. Dans ce lieu magnifique se déroule tous les étés un grand festival de théâtre.

En 1947, Jean Vilar crée le festival d'Avignon. Il veut y présenter un véritable théâtre populaire. Les plus grands artistes viennent y jouer : Gérard Philipe, Daniel Sorano, Sylvia Montfort, Jeanne Moreau attirent des amateurs [1] de plus en plus nombreux. En 1968 le festival s'ouvre à la danse, avec Maurice Béjart et son Ballet du XXe siècle. Depuis cette époque on peut y voir de nombreuses troupes étrangères. Aujourd'hui, à côté du festival officiel, il y en a un autre, le festival «off». Tous ceux qui rêvent de devenir célèbres dans le théâtre, la chanson ou la danse viennent à Avignon pendant le mois de juillet. Ils présentent leur spectacle dans des petites salles de la ville ou même sur les places et dans les rues !

---

1. Amateurs : ceux qui aiment quelque chose.

Le mur de scène du théâtre antique d'Orange.

Avignon, avec le pont Saint-Bénezet sur le Rhône, et, dominant la ville, le palais des Papes.

Depuis le matin jusqu'au milieu de la nuit, on peut voir plus de trois cents spectacles différents... à condition de ne jamais dormir ! C'est un moment extraordinaire.

Les enfants de France chantent une vieille chanson :

Sur le pont d'Avignon, on y danse, on y danse,
Sur le pont d'Avignon, on y danse tous en rond...

Le pont de la chanson, le pont Saint-Bénezet, était en réalité trop étroit pour qu'on « y danse tous en rond ». C'était un passage pour les piétons et les cavaliers, et on dansait plutôt sous le pont, dans les cafés au bord du fleuve. Construit en pierre vers 1180, il a été en partie détruit vers 1650. Aujourd'hui, quatre arches [1] seulement s'avancent dans le Rhône. Dessus il y a une chapelle [2]. Derrière le pont on voit les murs de la ville et les tours du palais des Papes. C'est un des plus beaux paysages d'Avignon.

Tout autour de la ville, on cultive des arbres fruitiers. La route que vous prendrez pour aller vers Saint-Rémy traverse des vergers et des champs de légumes.

Un étranger nommé Vincent

Au pied des Alpilles, Saint-Rémy-de-Provence et ses environs seront un des lieux les plus agréables de votre voyage. Tout près, on peut voir les restes de la ville romaine de Glanum. Les Antiques, à la sortie de Saint-Rémy, nous montrent encore un arc de triomphe et un beau monument, élevé en l'honneur des petits-fils de l'empereur Auguste. De là, la vue s'étend vers la plaine du Comtat et le mont Ventoux. C'est à Saint-Rémy qu'est né le célèbre astrologue [3] Michel de Notre-Dame, qu'on connaît mieux sous le nom de Nostradamus. On peut encore voir sa maison, dans une petite rue. C'est aussi à

---

1. Arche : partie qui soutient le pont, sous laquelle passe l'eau.
2. Chapelle : petite église.
3. Astrologue : personne qui lit l'avenir dans les étoiles.

Saint-Rémy que Vincent Van Gogh a passé la dernière année de sa vie. Le 3 mai 1889, après plusieurs crises de folie, le peintre entre à l'hôpital de Saint-Paul, juste en face des Antiques. Là il peint des portraits et les paysages qu'il voit de la fenêtre de sa chambre. Ces tableaux sont pleins de toutes les couleurs et de toute la lumière que Van Gogh a découvertes en Provence. Mais on y voit aussi la folie qui habite le peintre. Le 6 mai 1890, Vincent Van Gogh quitte Saint-Rémy pour Auvers-sur-Oise, près de Paris. C'est là qu'il se donnera la mort le 27 juillet.

En descendant vers Arles, il faut s'arrêter aux Baux. Un énorme [1] rocher s'élève au-dessus des arbres, comme un grand bateau au-dessus des vagues. Là-haut, un formidable château domine un village abandonné. Tout est magnifique et sauvage. On peut visiter le village tel qu'il était en 1700 car les plus belles maisons ont été restaurées [2] et transformées en musées. Les nuits d'été, la cité morte et son château sont illuminés [3]. Le spectacle est inoubliable ! À quelques centaines de mètres, on peut visiter d'anciennes carrières d'où viennent les pierres des plus belles maisons de la région. Dans des salles de plus de dix mètres de haut, dans le rocher, on voit un spectacle étonnant : sur les murs et au plafond sont projetées des photos de plusieurs mètres ; les spectateurs ont l'impression de flotter dans l'image.

Non loin des Baux, sur la route d'Arles, tout près de la petite ville de Fontvieille, se trouve le moulin* d'Alphonse Daudet. C'est un beau moulin à vent, sur une colline, où mène un magnifique chemin bordé de pins. Alphonse Daudet est né en 1840. Il venait souvent à Fontvieille, chez des amis qui avaient un château non loin du moulin. Daudet aimait beaucoup ce lieu et il écri-

---

1. Énorme : très grand et très gros.
2. Restauré : réparé.
3. Illuminé : éclairé avec de fortes lampes.

vit en 1866 le livre qui le rendit célèbre : *les Lettres de mon moulin*. Ce sont de courtes histoires qui montrent les gens simples de la Provence de l'époque. Alphonse Daudet a écrit d'autres histoires provençales, comme *Tartarin de Tarascon*, ou *l'Arlésienne*, une pièce de théâtre dont Bizet, le compositeur de *Carmen*, a tiré un opéra.

Les femmes d'Arles avaient autrefois un très joli costume : elles portaient une longue jupe colorée, une chemise blanche et une petite veste courte, le caraco. Par-dessus elles mettaient un grand châle : c'est un tissu plié pour former un triangle, avec lequel on couvre ses épaules et sa poitrine. Sur la tête elles avaient une coiffe de fin tissu blanc, pour cacher leurs cheveux. Aujourd'hui, les jours de fête, on voit de jolies Arlésiennes avec l'ancien costume du pays. Elles se promènent dans les rues ou dansent au son du tambour [1] et de la flûte [2] provençale.

Arles fut une ville romaine : elle a gardé ses arènes, son théâtre antique et même ses anciens bains publics, les thermes [3] de Constantin. Mais Arles fut aussi très tôt une ville chrétienne. La très belle église Saint-Trophime a remplacé vers 1150 une très vieille église, construite sans doute vers 450. C'est un des plus beaux exemples de l'art roman en Provence. On appelle art roman l'art du début du Moyen Âge. Les bâtiments de cette époque sont construits avec les mêmes techniques que les bâtiments romains de l'Antiquité ; c'est ce qui a donné son nom à cette forme d'art. L'église Saint-Trophime s'ouvre par un portail [4] qui ressemble beaucoup aux arcs de triomphe romains. Même les statues font penser aux statues romaines, mais les sujets sont chrétiens ; le Christ est entouré par les saints, les méchants sont punis et

---

1. Tambour : instrument de musique ; on joue du tambour en tapant dessus.
2. Flûte : instrument de musique ; on joue de la flûte en soufflant dedans.
3. Thermes : bâtiments en pierre où l'on se baignait.
4. Portail : grande porte.

Le moulin d'Alphonse Daudet, à Fontvieille.

Les jours de fête, à Arles, les femmes portent l'ancien costume du pays.

Le portail roman de la très belle église Saint-Trophime, à Arles.

Le cloître Saint-Trophime, près de l'église (XIIe-XIVe siècles).

vont en enfer, les bons montent au paradis. Saint-Trophime est la plus haute église de Provence, elle a plus de vingt mètres de haut et elle est éclairée par de grandes fenêtres, ce qui est très rare. Saint-Trophime est aussi l'une des plus belles églises de la région.

Le 21 février 1888, Vincent Van Gogh arrive en Arles. Il s'installe dans un petit hôtel, puis dans une maison de la place Lamartine. Il peint ici certains de ses plus beaux tableaux : la *Maison jaune*, où il habite, le *Portrait de l'Arlésienne*, la *Salle de café à Arles*, mais aussi des paysages de la ville et des alentours, comme *le Pont de Langlois*, qui lui rappelait les ponts de Hollande. Vincent rêve de faire venir d'autres artistes pour travailler avec eux dans la belle lumière du Midi. Paul Gauguin arrive le 20 octobre. Lui et Van Gogh partagent la célèbre chambre qui deviendra le tableau *Chambre de Vincent à Arles*. Gauguin représente Vincent peignant des tournesols, mais à ce moment-là Van Gogh commence à sentir qu'il devient fou ; quand Gauguin a fait son portrait, il lui a dit : « C'est bien moi, mais moi devenu fou. » Les deux hommes se disputent, Paul veut partir. Le 23 décembre 1888 il sort après le dîner et marche dans la ville. Tout à coup, il entend quelqu'un courir derrière lui. C'est Vincent qui l'attaque avec un rasoir [1]. Van Gogh s'arrête avant de frapper Paul et rentre à la maison jaune. Gauguin va passer la nuit à l'hôtel. Le lendemain, lorsqu'il retourne place Lamartine, Paul trouve la police dans la maison. « Van Gogh est mort », lui dit-on. Vincent est sur son lit, immobile. Partout dans la maison, dans l'escalier, du sang. Pendant la nuit, Vincent s'est coupé l'oreille... On appelle un médecin, on emmène Van Gogh à l'hôpital, Paul retourne à Paris.

---

1. Rasoir : sorte de couteau pour enlever la barbe.

Le 7 janvier, Vincent peut sortir de l'hôpital. Il retourne à la maison jaune. Dans le tableau *l'Homme à la pipe*, il se représente en train de fumer, avec un pansement [1] sur l'oreille. Le 8 mai, il entre à l'hospice [2] de Saint-Rémy-de-Provence. Là il peint les fleurs du jardin, les merveilleux *Iris*, les paysans de *la Sieste*, et il recopie sans cesse *les Tournesols*. Il ne lui reste plus que trois mois à vivre.

UNE TERRE D'EAU ET DE SEL

Arles, c'est aussi la porte de la Camargue. En se jetant dans la Méditerranée, le Rhône laisse depuis des millions d'années tout ce qu'il a arraché sur sa route, depuis les montagnes suisses. C'est ainsi que s'est formée la Camargue, immense plaine entre les deux bras du fleuve : le Grand Rhône et le Petit Rhône. C'est un pays de terres basses et d'eau. Ici la terre peut avancer sur la mer de quinze mètres par an, enfermant, derrière d'immenses [3] plages de sable fin, de vastes étangs [4] d'eau salée où vivent en liberté des chevaux blancs, des taureaux* noirs et des milliers d'oiseaux. Ailleurs, elle peut reculer, mangée par les eaux : au Moyen Âge, le village des Saintes-Maries-de-la-Mer était à plusieurs kilomètres à l'intérieur des terres, maintenant il est sur la plage ; le phare [5] de Faraman, construit en 1840 à sept cents mètres de la mer, a été détruit par les vagues en 1917.

Sur les terres proches du Rhône, grâce à l'eau du fleuve et à la chaleur de l'été, on fait pousser du riz, des arbres fruitiers, du blé et de la vigne. Il y a aussi de petites forêts.

Près de Salins-de-Giraud, à l'est, et vers Aigues-Mortes, à l'ouest, on récolte le sel depuis le XIIIe siècle. La tech-

---

1. Pansement : tissu qu'on met sur une blessure.
2. Hospice : sorte d'hôpital.
3. Immense : très grand, très large (vaste).
4. Étang : petit lac.
5. Phare : tour avec une lumière pour indiquer la côte aux marins.

Chambre de Vincent à Arles et *la Sieste*, deux œuvres de Vincent Van Gogh.

nique n'a pas beaucoup changé depuis. L'eau de la mer est répandue sur de grandes surfaces plates où le soleil la chauffe. Petit à petit elle devient de plus en plus salée. Quand il n'y a plus que du sel, on le rassemble, on le lave, on le fait sécher à nouveau, et on en fait un énorme tas de plus de vingt mètres de haut ! On récolte ici chaque année plus d'un million de tonnes de sel !

Le sud de la Camargue est une terre sauvage. Entre les étangs et les lagunes [1] coupées de la mer par des dunes [2], c'est un désert de sable et de marécages. Dans cette région magnifique le sel est partout, dans la terre et dans l'eau. Les plantes d'ici, les saladelles et les salicornes, aiment le sel. Elles sont vertes au printemps, grises au soleil de l'été et toutes rouges l'hiver. Dans l'étang de Vaccarès, les îles se couvrent au printemps de mille fleurs sauvages, bleues, jaunes, blanches ou rouges sur le vert sombre des feuilles.

Tout autour du Vaccarès, la nature est protégée. Personne ne peut entrer. Des milliers d'oiseaux y construisent leur nid, parmi des plantes rares. Des canards sauvages viennent du nord, de Finlande et même de Russie pour passer l'hiver. Au printemps les échassiers*, de retour des terres chaudes, s'arrêtent là. Les flamands roses passent l'été en Camargue. D'autres continuent leur voyage vers le nord et reviennent à l'automne, en route pour l'Afrique. Quand ils s'envolent tous ensemble dans le soleil couchant, le spectacle est magnifique.

Depuis des siècles, on élève ici des taureaux noirs aux longues cornes. Les animaux sont en liberté sur de vastes terres. Des hommes à cheval, les gardians*, les surveillent. Ils ont un long bâton terminé par trois pointes qui leur sert à guider les bêtes. Au printemps, on marque les jeunes bêtes avec un fer rougi au feu : c'est la «fer-

---

1. Lagune : sorte d'étang avec une ouverture sur la mer.
2. Dune : colline de sable.

rade ». Les jeunes gardians poursuivent les animaux, les attrapent par les cornes et les jettent à terre. Dans cette région où on aime les taureaux plus que tout, la « ferrade » est l'occasion de grandes fêtes.

Chaque village a sa fête du taureau : à Aigues-Mortes, elle dure huit jours. Dès le matin, on mange, on boit du vin blanc, on chante et on danse.

Vers onze heures on rassemble quatre ou cinq taureaux, et, sur les petits chemins de terre, une dizaine de cavaliers les poussent vers la ville. Mais, sur les cinq ou six kilomètres de la course, les jeunes hommes des environs essayent de repousser les taureaux vers la campagne ! C'est la fête la plus folle ! Quand les bêtes arrivent enfin devant la ville, les jeunes gens doivent prendre les morceaux de tissu colorés attachés entre les cornes. Ceux qui réussissent gagnent de l'argent, mais surtout ils deviennent célèbres !

Entre la Méditerranée et les étangs, tout près du Petit Rhône, il y a Les Saintes-Maries-de-la-Mer : c'est une tranquille petite ville d'environ deux mille habitants. Mais c'est un lieu très important pour les Provençaux.

*T*ROIS SAINTES MARIE DANS UNE BARQUE

On raconte que, vers 40 après Jésus-Christ, Marie Jacobé, la sœur de la Vierge [1], et Marie Salomé, la mère de saint Jacques et de saint Jean, furent abandonnées sur la mer dans une barque sans rien à manger, avec Lazare et ses deux sœurs, Marthe et Marie-Madeleine. C'était tout près de la Terre sainte. Sara, la servante noire des deux Marie, pleure sur la plage. Alors Marie Salomé jette son manteau à l'eau. Celui-ci se met à flotter et ramène Sara à la barque ! Grâce à Dieu, la barque traverse la Méditerranée et arrive bientôt sur la plage,

---

1. Vierge : c'est la mère du Christ.

là où s'élève aujourd'hui l'église des Saintes-Maries. Là, les chrétiens se séparent et chacun s'en va porter la parole du Christ à un bout de la Provence : Marthe à Tarascon, Lazare à Marseille, Marie-Madeleine vers la montagne de la Sainte-Baume, tandis que les deux Marie et Sara restent en Camargue. À leur mort, les habitants, qui sont devenus chrétiens, mettent leurs corps dans la chapelle qu'elles avaient construite en arrivant.

Depuis le Moyen Âge on vient prier devant les reliques [1] des saintes pour la fête de Marie Salomé, le samedi et le dimanche les plus proches du 22 octobre. Le premier jour, dans l'après-midi, les boîtes décorées où sont leurs reliques sont montrées aux fidèles [2]. Le lendemain, les statues des saintes sont promenées dans les rues de la ville, sur les plages et dans la mer, entourées d'Arlésiennes en costume d'autrefois et de gardians à cheval. Mais le moment le plus extraordinaire est le pèlerinage des gitans*, les 24 et 25 mai, pour la fête de Marie Jacobé. Ce jour-là, les gitans, qui vivent dans toute l'Europe en se déplaçant sans cesse, se rassemblent aux Saintes-Maries. Leurs grosses voitures et leurs caravanes s'installent par milliers tout autour de la ville. Car Sara est la sainte patronne des gitans. Ils racontent que, comme eux, elle venait d'Égypte, et chaque année, depuis 1935, ils viennent accompagner sa statue depuis l'église des Saintes-Maries jusqu'à la mer. Ils sont plus de vingt mille, pieds nus ; certains portent une croix de bois sur le dos, ils chantent le nom de la sainte, et tous, jeunes et vieux, riches et pauvres, entrent dans l'eau avec la statue, avant de retourner à l'église. Le soir, c'est la fête dans tout le village, avec les guitares, les chants et les danses.

---

1. Reliques : restes du corps d'un saint.
2. Fidèles : personnes qui viennent prier dans une église.

La Camargue : de vastes étangs où vivent les chevaux sauvages.

Les jeux entre les hommes et les taureaux sont une tradition en Provence.

Les statues des saintes sont promenées dans les rues et sur les plages.

CHAPITRE 6

DEUX CAPITALES POUR UNE SEULE RÉGION

VILLE D'ART, VILLE D'EAU

À la fin du XIIe siècle, les comtes de Provence s'installent à Aix et attirent auprès d'eux les meilleurs artistes du sud de la France. En 1409, Aix est la première ville de Provence à avoir une université, et pendant plus de trois siècles elle sera la seule. Quand René, duc d'Anjou, devient comte de Provence, il fait d'Aix le centre de la vie artistique et culturelle de la région. Le bon Roi René, comme l'appellent les Provençaux, sait le latin, le grec, l'italien, l'hébreu, le catalan ; il joue de la musique et même il en compose ; il écrit des vers et c'est un assez bon peintre ; il connaît les mathématiques, il s'intéresse aux étoiles, aux sciences naturelles ; c'est un des esprits les plus ouverts de son époque. En même temps il est simple, il aime parler avec les gens, il aime la vigne et le vin. C'est lui qui plante les premiers raisins muscats* en Provence. Sous son gouvernement la ville s'agrandit, on finit de construire la cathédrale. Quand il meurt en 1480, à soixante-douze ans, dans sa bonne ville, Aix est une capitale magnifique.

Aux XVIIe et XVIIIe siècles, les gouverneurs[1] de Provence attirent autour d'eux des peintres, des sculpteurs[2], des architectes[3]. Les nobles et les riches bourgeois se font construire des maisons splendides, on agrandit les églises,

---

1. Gouverneur : qui dirige un pays au nom du roi.
2. Sculpteur : qui fait des statues.
3. Architecte : qui fait (dessine) les maisons.

on crée de nouvelles places avec des fontaines, on plante des arbres. C'est à cette époque que la ville d'Aix a pris le visage qu'elle a encore aujourd'hui.

Mais au XIXe siècle, grâce à son port et au commerce, Marseille devient la plus grande ville de Provence, et Aix s'endort doucement. Aujourd'hui elle se réveille, grâce à ses industries et à son université, et c'est toujours un lieu de rêve pour passer des vacances. Pendant la belle saison, le Festival international de musique, l'un des plus importants d'Europe, et les expositions de peinture font de la ville une grande maison de la culture. Et toute l'année les musées (il y en a dix), les églises et les rues nous offrent des merveilles. Il ne faut pas manquer, dans la cathédrale, le triptyque[1] du *Buisson Ardent*, peint par Nicolas Froment pour le Roi René, ou, dans l'église Sainte-Marie-Madeleine, le triptyque de *l'Annonciation*, datant du milieu du XVe siècle, ou encore les tableaux du musée Granet, les peintures modernes de la Fondation Vasarely, les magnifiques maisons du XVIIe siècle sur le cours Mirabeau, les fontaines sculptées...

PAUL, ÉMILE, DARIUS ET LES AUTRES

De nombreux artistes sont nés ou ont vécu à Aix. Les plus célèbres sont sans doute le peintre Paul Cézanne, l'écrivain Émile Zola et le compositeur Darius Milhaud.

Cézanne est né en 1839, au centre d'Aix. À l'âge de treize ans, il va au collège, où il rencontre Émile Zola. Celui-ci est né à Paris en 1840, mais il a été élevé à Aix. Les deux jeunes gens deviennent amis et ils le resteront toute leur vie. Ensemble ils vont courir dans la campagne, se baigner dans les rivières. Cézanne passe des heures au musée Granet, il copie les maîtres, il apprend le dessin. Son père, devenu banquier, achète une grande maison près d'Aix, le Jas de Bouffan. Cézanne peindra

---

1. Triptyque : tableau en trois parties.

Le triptyque du *Buisson Ardent*, peint par Nicolas Froment. Sur la partie gauche, le Roi René y est représenté, à genoux et priant.

Pommes et oranges, une nature morte peinte par Paul Cézanne.

cette maison des dizaines de fois. Sa famille le trouve un peu fou et dit qu'il devrait apprendre le métier d'avocat[1] au lieu de dépenser l'argent de son père. En 1863, Cézanne monte à Paris, étudie la peinture de Delacroix, rencontre les impressionnistes, peint à Auvers-sur-Oise *la Maison du pendu*. Mais c'est dans le Midi qu'il peint ses tableaux les plus beaux et les plus célèbres. Il aime travailler dans la campagne aixoise, au Jas de Bouffan, dans les carrières de Bibémus. Il utilise peu de couleurs et il ne cherche pas à faire des paysages «ressemblants». Il veut montrer les lignes simples et fortes des maisons, des arbres et des rochers, découpées par le soleil. Sans cesse il peint la montagne Sainte-Victoire, tout près d'Aix, par tous les temps et sous toutes les lumières. Les constructions de la nature se transforment sur ses toiles en formes simples. Dans ses natures mortes (ces tableaux qui montrent des objets, des fruits, des meubles, des pommes sur une table de cuisine), il nous donne à voir en même temps plusieurs points de vue. Cela fait une image inhabituelle. Les gens de son temps n'ont pas compris l'art de Cézanne, et ce n'est que deux ans avant sa mort qu'il commence à être célèbre. Mais son travail est le point de départ de la peinture du XXe siècle.

Zola a vécu à Aix jusqu'à l'âge de dix-huit ans, avant de monter à Paris et de devenir journaliste et écrivain. Mais il se souvient toujours d'Aix : c'est le modèle de la ville de Plassans, où se déroulent plusieurs de ses romans.

Darius Milhaud est né en 1892 et il a passé son enfance à Aix. Il est allé travailler à Paris, à Genève et aux États-Unis, mais il est resté toute sa vie un Provençal. Il aime les gens et les paysages de Provence, et il les met en musique dans *le Carnaval d'Aix*, la *Suite provençale*, la *Cheminée du Roi René*, ou la musique du film *Tartarin de Tarascon*.

---

[1]. Avocat : homme de loi.

UNE VILLE AUTOUR D'UN PORT

Depuis sa création par des marchands grecs, on dirait que Marseille a toujours regardé plus vers la mer que vers la Provence. Elle a toujours vécu du commerce, de son port ouvert sur la Méditerranée. Elle a toujours essayé de garder son indépendance, malgré les Romains, les comtes de Provence ou le roi de France. Au Moyen Âge elle fait du commerce avec l'Orient, plus tard elle envoie ses marins jusqu'en Afrique et dans la lointaine Asie. Malgré les grandes pestes, ramenées d'Orient par les bateaux, Marseille grandit. Pendant la Révolution, les Marseillais envoient des soldats à Paris. Partout sur leur route ils chantent un chant de guerre, qui deviendra l'hymne[1] de la France : *la Marseillaise*.

Au XIXe siècle, grâce au canal de Suez et aux colonies françaises, Marseille devient la deuxième ville et le premier port de France. On ouvre de nouvelles avenues, on construit de nouveaux quartiers, la ville s'étend sur les collines, en prenant sur les anciens villages. Aujourd'hui Marseille s'est encore agrandie et des immeubles neufs se sont construits tout autour de la ville. Malgré les problèmes de ces quartiers où la vie n'est pas toujours facile, les Marseillais aiment leur ville, leur équipe de football, l'Olympique de Marseille, et leur Canebière, la grande avenue qui traverse le centre jusqu'au Vieux-Port. Pour rien au monde ils ne voudraient aller ailleurs !

Tout autour de Marseille la côte est creusée de ports naturels, bien protégés du vent et des vagues : les calanques. Entre deux hauts murs de rochers qui tombent tout droits dans la mer, l'eau est calme et profonde. La calanque de Sormiou, la plus vaste de toutes, cache un petit port de pêche et une belle plage de sable fin. Il faut y aller à pied, comme à la calanque de Morgiou ou

---

1. Hymne : chant national.

à celle de Surgiton. À une vingtaine de kilomètres, près de Cassis, on peut voir de magnifiques calanques sauvages : la calanque de Port-Pin, avec sa petite plage, celle d'En-Vau, peut-être la plus belle de toutes, où l'eau est si bleue et si claire, ou celle de Port-Miou, longue de plus de mille deux cents mètres. Le bateau qui part du port de Cassis en fait le tour en deux heures environ.

La région de Marseille, c'est la Provence de l'écrivain Marcel Pagnol. Marcel Pagnol est né en 1895, à Aubagne, à vingt kilomètres du Vieux-Port. Son père était maître d'école à Saint-Loup, qui était alors un village. Aujourd'hui, la ville l'a rejoint et Saint-Loup est devenu un quartier de Marseille.

Le petit Marcel a trois ans. Quand sa mère va au marché, il reste au fond de la classe de son père. C'est là qu'il apprend à lire, tout seul ! Plus tard, il sera professeur d'anglais, mais l'enseignement l'ennuie. Il rêve d'être écrivain. En 1928 il devient célèbre grâce à *Topaze*, une pièce de théâtre très drôle, où il met en scène un professeur... Il écrit ensuite *Marius, Fanny* et *César*, trois pièces que les gens vont adorer. Il y montre des personnages marseillais plus vrais que nature, dans une histoire de famille et d'amour. Pagnol est l'un des premiers en France à croire au cinéma parlant. Dès 1932, il fait des films qui se passent en Provence, tout près de Marseille : *la Femme du boulanger, la Fille du puisatier*[1], *Angèle...* Ses meilleurs livres sont sans doute ses souvenirs d'enfance : *la Gloire de mon père, le Château de ma mère, le Temps des secrets, le Temps des amours*. En 1963, il écrit *Jean de Florette* et *Manon des Sources*, dont on a tiré deux beaux films il y a quelques années. Le monde de Pagnol est cette Provence du début du siècle, quand les automobiles étaient rares et la vie dure sous le soleil des collines...

---

1. Puisatier : celui qui creuse les puits.

Un quartier de Marseille, avec la cathédrale de la Major.

Le marché aux poissons, sur le Vieux-Port, à Marseille.

Une calanque, près de Cassis.

Fanny, un film de Marcel Pagnol, d'après la pièce de théâtre du même nom : on y boit le pastis, si apprécié des Marseillais.

Des montagnes magiques

Dans le cœur des Provençaux, les montagnes sont toujours des lieux pleins de mystère. Loin de la vie de tous les jours, l'homme y retrouve les forces secrètes de la nature. Partout on raconte que des êtres étranges habitent les forêts et les trous de rocher. C'est pourquoi, depuis très longtemps, on a placé tant de montagnes sous la protection de saints, comme la montagne Sainte-Victoire, près d'Aix, ou la montagne Sainte-Baume, non loin de Marseille.

Le massif de la Sainte-Baume a plus de douze kilomètres de long et il s'élève à mille mètres d'altitude. Entre Marseille et Brignoles, il dépasse les collines environnantes de plus de cinq cents mètres. Tout autour le paysage est sec et presque sans arbres, mais la Sainte-Baume est couverte d'une des plus vieilles forêts méditerranéennes. Les arbres les plus variés y poussent : chênes, hêtres, ifs, tilleuls. Au-dessus, une falaise[1] monte vers le ciel. Là se trouve la « baume » sainte, c'est-à-dire la grotte[2] dans laquelle on dit que sainte Marie-Madeleine s'est retirée du monde. Elle vécut là trente années, et lorsqu'elle mourut des anges vinrent du ciel transporter son corps à Saint-Maximin, où elle fut enterrée... Au VIe siècle, des moines solitaires se sont installés sur la montagne pour vivre dans la pauvreté comme la sainte. Plus tard, vers 1200, les gens ont commencé à venir en pèlerinage[3] à la grotte de la Sainte-Baume. Aujourd'hui les pèlerins sont plus rares, mais les promeneurs peuvent monter au lieu saint en quarante-cinq minutes par un chemin facile. Pendant des siècles on a cru que tous les grands arbres de la Sainte-Baume ne poussaient sur ces terres difficiles que grâce à la protection de la sainte.

---

1. Falaise : mur de rochers.
2. Grotte : grand trou dans le rocher.
3. Pèlerinage : voyage pour visiter un lieu saint.

Aussi était-il interdit d'y couper du bois. C'est pourquoi la vieille forêt qu'on traverse en montant a été conservée. Dans la grotte de Marie-Madeleine, au pied d'une haute falaise, on a placé un autel pour dire la messe [1] et une statue de la sainte. Au fond de la grotte coule une source.

Au XIXe siècle on montait à la Sainte-Baume dans la nuit de Noël, mais aujourd'hui les pèlerinages ont lieu le 21 juillet, pour la fête de Marie-Madeleine.

Au nord du massif, la petite ville de Saint-Maximin serre ses maisons autour d'une église de taille inhabituelle. C'est une grande nef [2], très haute et sans clocher [3], qu'on voit de loin quand on approche du village. Cette basilique Sainte-Madeleine est l'une des plus magnifiques constructions gothiques [4] de Provence. Elle est haute, simple et lumineuse grâce à ses grandes fenêtres par où le soleil entre largement. Sa taille permettait de recevoir la foule des pèlerins qui venaient prier sur le tombeau de sainte Madeleine, placé dans une petite église souterraine, sous la nef.

Entre la Sainte-Baume et la mer, sur des collines couvertes de forêts, se trouve le circuit automobile du Castellet. C'est un des meilleurs circuits européens. C'est là qu'ont lieu des courses de Formule 1 et de moto qui attirent chaque année les amateurs de toute l'Europe. C'est aussi un circuit d'essais, ouvert aux constructeurs d'automobiles, et même aux futurs champions, grâce à l'école de pilotage.

Au pied des collines on cultive des légumes, des fleurs, et surtout de la vigne, dans de petites plaines, comme autour du Beausset, avec ses bastides au milieu des

---

1. Messe : réunion religieuse des chrétiens qui prient ensemble.
2. Nef : partie principale d'une église.
3. Clocher : tour d'une église.
4. Gothique : l'art gothique est celui des XIIIe et XIVe siècles.

Le massif de la Sainte-Baume, avec son monastère.

Le célèbre circuit automobile du Castellet.

cultures. Tout près du village, sur une colline boisée, s'élève la chapelle du Vieux-Beausset, qu'on appelle la chapelle de Notre-Dame-de-Beauvoir, car la vue s'étend sur tous les villages alentour et jusqu'à la mer. Dans cette chapelle se trouvent de nombreux ex-votos : ce sont de petits tableaux qui ont été faits pour remercier la Vierge. Des gens pris dans une tempête en mer ou dans un accident, des prisonniers de guerre, des malades ont prié la Sainte Vierge et ont été sauvés. Ils ont ensuite peint ou fait peindre ces ex-votos qui représentent les malheurs qui leur sont arrivés et les miracles qui les ont sauvés.

À quelques kilomètres, le vieux village du Castellet, sur son rocher, occupe des lieux qui étaient déjà habités avant l'arrivée des Romains. C'est un endroit magnifique qui, tous les étés, attire des milliers de touristes. Sur la colline voisine, au bord d'une falaise, le village de La Cadière-d'Azur a su garder une véritable vie. Beaucoup de touristes, charmés par sa place allongée et ses platanes, par les rues qui descendent tout autour de la vieille église jusqu'aux vignes qui entourent le village, y ont acheté une maison et s'y sont installés.

CHAPITRE 7

NICE ET LA CÔTE D'AZUR

LE « CHEMIN DES ANGLAIS »

Vers 1750, quelques riches Anglais prennent l'habitude de passer l'hiver à Nice. Le temps y est doux, la mer est belle, la vie agréable. Peu à peu la «Riviera» devient célèbre. Le duc de Gloucester, la duchesse de Cumberland et le duc d'York s'installent à Nice, et durant l'hiver 1784-1785 trois cents Anglais vivent dans les nouvelles maisons près de la mer, à l'ouest de la ville. Mais le bord de mer est plein de rochers et seuls les pêcheurs y vont. Les belles dames et les beaux messieurs aimeraient bien s'y promener. En 1823 ils rassemblent de l'argent et font construire par les paysans un chemin de deux mètres de large le long de la mer. Les Niçois l'appellent le «Camin dei Anglès». En 1844 il deviendra la Promenade des Anglais.

Pendant les années de la Révolution, les touristes ne venaient plus, mais, en 1815, après la chute de Napoléon, des Anglais, des Allemands, des Italiens et des Russes vivent à Nice et à Cannes de novembre à mai. À cette époque, il faut vingt-quatre heures pour venir de Marseille ! En 1864 le chemin de fer arrive à Nice, et en 1869 à Menton. De plus en plus de riches Européens passent l'hiver sur la Côte d'Azur : on y voit des rois, des princes russes, des hommes d'affaires, des banquiers, des artistes et des aventuriers. Vers 1890, ils sont environ vingt-cinq mille, et en 1914, juste avant la guerre, plus de cent cinquante mille. C'est le moment où Menton, Cap-d'Ail, Cap-Martin, le cap d'Antibes, Juan-les-Pins, Beaulieu ou Saint-Jean-Cap-Ferrat deviennent des lieux à la mode et se couvrent de riches villas.

Il y a plusieurs villes à Nice. D'abord le Vieux-Nice, sous le rocher où était autrefois le château, entre la rivière du Paillon et la mer. Le long de ses rues étroites s'élèvent de hautes maisons, pour la plupart construites du XVIe au XVIIIe siècle, et de beaux palais. Le palais de la Préfecture était celui des ducs de Savoie et des rois de Sardaigne, lorsqu'ils venaient à Nice au XVIIe siècle ; le palais Lascaris est aujourd'hui un musée. Sur les places s'ouvrent de magnifiques églises : la cathédrale Sainte-Reparate, construite au XVIIe siècle dans le style italien, l'église du Jésus, avec sa façade bleutée, ou encore la très jolie chapelle de la Miséricorde, qui donne sur le cours Saleya.

Le cours Saleya est une longue et large avenue, construite au XVIIe siècle, entre la ville et les murs qui la défendaient du côté de la mer. C'est un lieu splendide, bordé de maisons d'une belle couleur ocre [1] ou rose. Autrefois on y trouvait le marché aux poissons, et c'était l'endroit où les Niçois se promenaient et se rencontraient. Aujourd'hui le cours reçoit un marché différent chaque jour : le lundi, les brocanteurs et les antiquaires y vendent de vieux meubles et toutes sortes de vieux objets, le mercredi et le samedi, ce sont les artistes qui exposent. Il y a tous les jours un marché aux fleurs, et le soir les restaurants mettent leurs tables dehors, et des musiciens viennent jouer et chanter. C'est toujours un lieu de rendez-vous, comme l'écrivait Louis Nucera : « Tous les chemins mènent à Rome ; dans le Vieux-Nice, ils mènent tous au cours Saleya. »

Entre le cours Saleya et la mer s'élèvent les maisons basses des « Ponchettes ». Au XIXe siècle, avant que le quai des États-Unis soit construit le long de la mer, on se promenait sur leur toit. C'était le lieu à la mode, où les belles dames et les beaux messieurs se montraient...

---

1. Ocre : de couleur jaune foncé.

Aujourd'hui des musées sont installés dans certaines maisons : on peut y admirer des dessins de Raoul Dufy, ainsi que plusieurs de ses peintures aux vives couleurs. Dufy a beaucoup vécu et travaillé en Provence et sur la Côte d'Azur. Il a peint *la Baie des Anges* depuis une fenêtre de l'Hôtel Suisse, tout près de là. On y voit toutes les plages de Nice, la Promenade des Anglais avec ses palmiers et, tout au fond, on aperçoit Antibes.

À Nice, le bord de mer est presque une autre ville. Avec ses grands hôtels, ses casinos [1], ses magasins de luxe, ses plages privées, c'est la ville du tourisme et de la «grande vie». C'est là qu'on peut voir des gens célèbres du monde entier, les belles actrices de cinéma, les acteurs qui font rêver, les voitures les plus chères... C'est là, sur la Promenade des Anglais, que se déroule le carnaval, à la fin février. Six mois avant on prépare déjà les chars : ce sont des camions décorés de personnages en carton peint, de fleurs et de papier. Des jeunes gens et des jeunes filles déguisés traversent la ville sur ces chars en lançant sur les spectateurs des petits morceaux de papier de couleur, les confettis.

Il y a aussi des «grosses têtes» en carton peint, qui représentent des personnages célèbres, des héros de films, et surtout le roi du carnaval, qu'on brûle le soir, au plus beau moment de la fête. Chaque année il y a vingt chars, huit cents grosses têtes, des orchestres, des déguisements. Pendant la semaine du carnaval on fait des batailles de fleurs sur la Promenade. À la fin du siècle dernier, la reine Victoria, l'empereur du Brésil, les princes de toute l'Europe y assistaient depuis leurs voitures fleuries.

En 1857, il y a tellement de Russes qui passent l'hiver à Nice que l'impératrice Alexandra fait construire l'église russe aux formes si particulières. Quarante ans après,

---

1. Casino : lieu où on joue de l'argent.

Il y a plusieurs villes à Nice : le Vieux-Nice avec ses rues étroites et ses maisons anciennes ; le bord de mer, avec ses plages élégantes.

Le roi du Carnaval, héros de la fête !

l'église est devenue trop petite et la cathédrale Saint-Nicolas est construite. C'est le plus beau bâtiment russe que l'on peut voir en dehors de Russie.

Dès la fin du XIXe siècle, les riches Niçois et les étrangers qui passent l'hiver dans la ville veulent s'éloigner du bord de mer où il y a trop de monde. On commence alors à construire le quartier de Cimiez. Sur cette colline s'élevait la ville romaine, et jusqu'au XIXe siècle elle était restée plantée d'oliviers, avec des ruines où étaient installés des fermes et un monastère[1] isolé. À partir de 1880 on y construit de magnifiques villas et des hôtels de luxe, comme l'Hôtel Palace, qui pouvait accueillir quatre cents clients. Les appartements ouvraient sur des parcs et des jardins. L'Excelsior Régina Palace a plus de deux cents mètres de long, quatre cents chambres, deux cent trente-trois salles de bains et... trois ascenseurs ! La tour de gauche était celle de la reine Victoria, qui y passa trois hivers, de 1897 à 1899. Après la Première Guerre mondiale, les hôtels n'ont plus assez de clients et doivent fermer. On les transforme en appartements. Le peintre Henri Matisse a habité au Régina pendant des années, avant d'acheter une belle villa, un peu plus haut sur la colline, au milieu d'un parc. Sa maison aux façades rouges est devenue le musée Matisse. On peut y admirer des tableaux de toutes les époques du peintre, de nombreux dessins et des objets qui ont appartenu à Matisse et qu'on retrouve sur ses peintures. Tout autour s'élèvent les ruines des arènes et des thermes romains, dans un beau parc planté d'oliviers. C'est là qu'a lieu chaque année la Grande Parade du jazz. Depuis 1974, les plus grands musiciens de jazz du monde viennent à Nice au mois de juillet. On a pu applaudir Miles Davis, Dizzie Gillespie, Nina Simone ou Dee Dee Bridgewater, et beaucoup d'autres. Plus bas sur la colline se trouve

---

1. Monastère : là où vivent les moines.

le musée Marc-Chagall. C'est un bâtiment moderne, très simple et très lumineux, en belle pierre blanche, qui s'élève au milieu d'un jardin d'oliviers et de pins. Dix-sept grands tableaux du peintre montrent des scènes de la Bible. Chagall a créé une salle de musique dont tout un mur est fait de vitraux [1] qui représentent la Création du monde.

Nice est une ville d'art et de culture, avec le musée des Beaux-Arts, le musée d'Art moderne, construit en 1990, mais aussi le grand théâtre, et l'opéra créé dès 1789. Et si vous avez envie de quitter la ville, vous serez en moins d'une heure dans la montagne, dans l'arrière-pays, avec ses vallées profondes, ses villages au sommet des rochers, et son silence.

Les merveilles

Le parc national du Mercantour a été créé en 1979, au nord de Nice, dans une région montagneuse. Il longe la frontière italienne sur plus de cinquante kilomètres, en suivant la ligne des plus hauts sommets : le mont Ventabren, la cime du Diable, le mont Mounier, le mont Pelat, la cime de la Bonette, et le plus haut du parc, la cime du Gélas, avec ses 3 143 mètres.

On trouve ici tous les paysages : forêts, prairies [2], éboulis [3], lacs, hautes montagnes couvertes de neige.

Autour du mont Bégo, haut de 2 872 mètres, il y a deux vallées, la vallée des Merveilles et la vallée de Fontanalba, où des hommes préhistoriques ont gravé [4] sur les rochers des dessins d'animaux aux longues cornes, des personnages et des couteaux. Personne ne sait pourquoi les gens de ce temps-là ont fait ces dessins. On

---

1. Vitraux : fenêtres en verre de plusieurs couleurs.
2. Prairie : champ où l'herbe pousse naturellement.
3. Éboulis : grosses pierres tombées des montagnes, sur lesquelles il n'y a pas d'arbres.
4. Graver : dessiner en creux (une gravure).

Le parc national du Mercantour, en hiver.

pense qu'ils adoraient le Bégo car autour de son sommet il y a souvent des orages, avec des éclairs et des coups de tonnerre[1]. Ces hommes devaient avoir très peur du terrible Bégo, et ils ont dessiné des images sur ses rochers pour se protéger.

Aujourd'hui on visite ces deux vallées avec un guide qui donne des explications sur les dessins et sur les nombreux animaux qui vivent en liberté dans ces lieux protégés.

Des villages aimés des peintres

Tout le long de la Côte d'Azur, villages et petites villes ont attiré les artistes. À la fin du XIXe siècle, les artistes quittent le nord de la France, la Normandie ou la Bretagne, pour venir vivre et travailler en Provence. Renoir s'installe à Cagnes et abandonne les paysages de la région parisienne pour les verts profonds des oliviers de son jardin

---

1. Éclairs, tonnerre : lumières et bruit qui accompagnent l'orage.

des Collettes, les ocres des vieux murs, les rouges des toits sous le soleil et le bleu lumineux du ciel de Provence. Pierre Bonnard vient au Cannet en 1925, et il y reste jusqu'à son dernier jour, en 1947. Il peint de grands paysages pleins de couleurs vives, des jardins aux mimosas* jaunes, aux herbes vertes sous des ciels bleus. La lumière inonde ses tableaux. Chaïm Soutine arrive à Vence en 1918 avec Modigliani. Il peint à Cagnes, à La Gaude, à Vence des paysages pleins de mouvement. À Antibes, Nicolas de Staël recrée la lumière et le choc des couleurs du ciel, de la mer et des montagnes, en utilisant de grandes surfaces bleue, noire, blanche et rouge. Dans le château d'Antibes, Picasso a fait vingt-six tableaux et quarante-trois dessins en 1946. Aujourd'hui, au château, il y a un musée Picasso. On peut y admirer les tableaux qu'il y a peint, ainsi que beaucoup d'autres œuvres[1] qu'il a réalisées à Vallauris, sur des objets en terre cuite.

Picasso vit à Juan-les-Pins, puis à Mougins, près de Cannes, pendant l'année 1936. Il revient à Antibes en 1939, et s'installe dans la région après la guerre, d'abord à Vallauris, puis en 1955 à Cannes, à la villa «La Californie». En 1958, il achète le château de Vauvenargues, au pied de la montagne Sainte-Victoire. Il écrit à un ami : «J'habite chez Cézanne.» Enfin, en 1961, il achète un ancien mas appelé «Notre-Dame-de-Vie», tout près de Mougins, à huit kilomètres de Cannes. C'est là qu'il vivra jusqu'à sa mort, en 1973, à quatre-vingt-douze ans. Ainsi le grand peintre a passé plus de trente-cinq ans en Provence, travaillant sans cesse à son œuvre, avec des techniques différentes, mais toujours avec ce sens de la lumière et ce goût de la fête qui vont si bien à ce pays.

Pendant que Picasso travaille à Cannes, Fernand Léger s'installe à Biot, tout près d'Antibes. Lui aussi se met à travailler la terre cuite colorée avec les potiers du village.

---

1. Œuvre : le travail d'un artiste.

Le musée Picasso, à Antibes.

Aujourd'hui le musée national Fernand-Léger de Biot possède près de trois cent cinquante œuvres de l'artiste.

Tout près de là, Saint-Paul-de-Vence a attiré les artistes dès les années 30. Paul Signac a peint le village à cette époque, Nicolas de Staël vers 1950, Marc Chagall, qui y vivait et qui repose au cimetière, l'a montré dans de nombreux tableaux. Tous les peintres qui ont travaillé dans la région sont passés à l'auberge de La Colombe d'Or, et beaucoup y ont laissé des œuvres. Ainsi ce célèbre hôtel-restaurant, installé dans une belle maison du XVIe siècle, à l'entrée du village, est devenu une sorte de musée : on peut y boire un verre ou y dîner sous des toiles de Chagall, de Braque, de Miró ou de Bonnard...

Vers 1950 on tournait beaucoup de films à Nice, aux studios de la Victorine, et de nombreux acteurs célèbres vivaient à La Colombe d'Or ou dans les villas de Saint-Paul, comme Yves Montand et Simone Signoret. C'est là qu'Aimé Maeght, un marchand d'art qui avait ouvert une galerie à Cannes avant la guerre, puis une autre à Paris en 1945, a créé un lieu où l'on peut voir les œuvres des artistes d'aujourd'hui. Sur une colline proche du village, il a fait construire un bâtiment où la lumière entre à flots, au milieu des arbres, avec un jardin de sculptures inventé par le peintre Joan Miró. L'eau des fontaines, le vent dans les arbres, les statues, et bien sûr ses magnifiques tableaux font de la Fondation Maeght un des lieux les plus merveilleux de la Côte d'Azur.

CHAPITRE 8

ENTRE DURANCE ET VENTOUX

La haute-provence

La lumière, le silence et la paix, loin des lieux où vont tous les touristes, loin des plages noires de monde, voilà les splendides cadeaux que nous fait la Haute-Provence. Des champs de lavande parfument l'air. Plus haut, vers les sommets de la montagne de Lure, entre Forcalquier et Sisteron, dans un paysage sauvage, c'est le pays des bergers [1] et des moutons. L'odeur des forêts de sapins, celle du thym et des aromates, la clarté du ciel d'été donnent l'impression que la vie est facile ici. Mais le pays est dur. L'hiver est froid, et les fermes isolées semblent se défendre derrière leurs murs percés de rares petites fenêtres. Les villages se sont vidés de leurs habitants car le travail est difficile sur cette terre sèche. On n'y gagne pas toujours assez d'argent pour vivre. Alors beaucoup sont partis. Mais ceux qui sont restés continuent à produire de la lavande et du miel, à élever des moutons, à fabriquer de beaux objets d'artisanat comme autrefois. Il y a aussi ceux qui sont ici parce qu'ils sont tombés amoureux de la lumière et du soleil de cette «Provence près du ciel».

Tous les mois, la petite ville de Forcalquier, sur son rocher au-dessus d'un large paysage, semble se réveiller. C'est le jour de la foire : de tous les villages, de toutes les vallées, de toutes les montagnes, on vient à la ville pour acheter et vendre. Les bergers viennent vendre

---

1. Bergers : ceux qui surveillent les moutons dans les montagnes.

leurs moutons, les paysans viennent vendre leurs légumes ou leurs fruits...

En allant vers Sisteron, la montagne de Lure, longue de trente kilomètres environ, sépare la Provence du Dauphiné. Du haut du Signal de Lure, par beau temps, on peut voir au loin, à plus de cent cinquante kilomètres. Sisteron est installé là où la Durance a coupé la montagne. C'est comme un gardien à la porte de la Provence.

Du mont Ventoux, vers Vaison-la-Romaine, près d'Orange, jusqu'aux monts de Vaucluse au sud, au-dessus d'Apt, il faudrait découvrir le pays à pied. Il faudrait marcher des journées entières, de village en village, de ferme en hameau. Il faudrait rencontrer les habitants, parler de leur vie dans ce pays sauvage et solitaire, mais si beau et si calme, où l'air est si pur et où la lumière dessine tout si clairement sur le bleu du ciel.

Plus au sud, les montagnes du Lubéron marquent la frontière entre la Haute-Provence et la région d'Aix. Au bout du Lubéron, vers l'est, au-dessus de la Durance, la ville de Manosque est la plus importante des Alpes-de-Haute-Provence. Mais ne vous attendez pas à une ville immense, comme Marseille ou Aix. Manosque a environ vingt mille habitants. Sur les boulevards qui l'entourent, il y a des platanes, et l'eau des fontaines chante dans le silence et la lumière.

UN DE MANOSQUE

Manosque, c'est la patrie de Jean Giono. Fils d'un cordonnier[1], Giono est né à Manosque en 1895 et il a vécu presque toute sa vie dans sa ville natale. Dans son enfance il passe tout son temps à se promener sur les chemins de Haute-Provence. C'est là qu'il apprend à connaître et à aimer la nature et les hommes de ce pays.

---

1. Cordonnier : celui qui répare les chaussures.

Un pays de bergers et de moutons.

Récolte de la lavande.

Comme tous les jeunes gens de son âge, Giono part à la guerre entre 1914 et 1918. Au front [1] il voit des horreurs et il décide de « faire la guerre à la guerre ». Depuis toujours Jean adore raconter des histoires. À son retour de la guerre, il commence à écrire. Il place presque toutes ses histoires dans cette région qu'il connaît si bien, dans ces montagnes où il est chez lui. Mais dans la Provence de Giono les montagnes font peur. Elles sont habitées par des êtres sauvages, aux sentiments très forts, qui les mènent quelquefois jusqu'au crime. Les troupeaux sont immenses, la nuit peut être terrible. Mais chez Giono il y a aussi une poésie merveilleuse, une fraîcheur rare. On se sent pris dans le grand mouvement de la nature, emporté loin de la vie normale. Grâce à ses livres et à son pacifisme [2], Giono a attiré près de lui à Manosque de nombreux jeunes gens, dans les années 30. On dit qu'à cette époque il commençait parfois dès le repas de midi à raconter des histoires qu'il inventait, et qu'il continuait tard dans la nuit !

---

1. Front : à la guerre, les premières lignes pour les soldats, face à l'ennemi.
2. Pacifisme : attitude des personnes qui sont contre la guerre.

CHAPITRE 9

UN PASSÉ TOUJOURS VIVANT, UN AVENIR DÉJÀ LÀ

Les Provençaux aiment les fêtes et ils aiment le jeu. Il y a trois fêtes qu'aucun Provençal ne voudrait manquer. L'une est la fête patronale, c'est-à-dire la fête du saint ou de la sainte qui protège le village et ses habitants. La deuxième est commune à tous les gens du pays, c'est Noël. La troisième a été un peu oubliée, mais elle continue d'exister ici et là, c'est le carnaval.

La fête au village

La fête patronale dure deux ou trois jours, au cœur de l'été. Ce n'est pas vraiment une fête religieuse, c'est la fête du village et de tous ses habitants. Le plus souvent le saint patron du village n'est pas le saint dont l'église porte le nom. C'est plutôt le saint d'une ancienne confrérie[1] qui est devenu celui de tous. Par exemple, le saint patron du Beausset est saint Éloi, le patron des orfèvres[2] et des maréchaux-ferrants[3], alors que l'église du village s'appelle l'église Saint-Pierre. Depuis le XVIIIe siècle, la fête patronale se déroule toujours de la même manière. Le samedi, les jeunes gens vont dans le village et à travers la campagne en jouant de la musique avec des flûtes et des tambours. Ils demandent de l'argent pour la fête. Et malheur à ceux qui refusent de donner ! On se moque d'eux, on fait un tel bruit devant leur mai-

---

1. Confrérie : autrefois, les gens d'un même métier faisaient partie de la même confrérie.
2. Orfèvres : ceux qui font les bijoux.
3. Maréchaux-ferrants : ceux qui mettent des fers aux chevaux.

son qu'ils ne peuvent pas dormir ! Le dimanche, jour de la fête, commence par des coups de feu : on tire des coups de fusil pour réveiller tout le monde. Ensuite on vient chanter sous les fenêtres du maire, des riches marchands, du curé. Pendant la messe, des hommes du village tirent un coup de fusil dans l'église, pour montrer que cette fête est la leur. Après la messe on promène la statue du saint dans toute la ville : c'est la procession. Au Beausset et dans les autres villes où on fête saint Éloi, tous les chevaux de la région y participent. C'est l'occasion de sortir les anciennes voitures à cheval, de s'habiller à la mode d'autrefois, de retrouver un peu le passé. À la fin de la matinée les jeunes gens et les jeunes filles dansent sur la place, et l'après-midi on organise des jeux. Dans les villes au bord de la mer, en Camargue, ont lieu des batailles nautiques : chaque équipe est sur une barque ; il y a huit ou dix rameurs qui font avancer le bateau. À l'avant de chaque barque, un joueur, armé d'un long bâton, doit pousser dans l'eau le joueur de l'autre équipe ! Ailleurs on fait des courses de taureaux. Partout il y a des concours de belote, qui est le jeu de cartes le plus populaire en Provence, et bien sûr des concours de boules. On ne peut pas imaginer un village ou une ville de Provence sans le jeu de boules : les joueurs doivent lancer des boules de fer le plus près possible d'une petite boule de bois. Sous les platanes, les équipes luttent pour gagner. On entend les cris qui saluent un beau coup ou les discussions pour savoir qui a gagné. Puis tout finit au café, autour d'un verre ! La fête patronale se termine par un grand repas qui réunit sur la place une bonne partie des villageois. On mange un aïoli, on boit, on chante, et la fête finit tard dans la nuit.

SANTONS ET ORDINATEURS

À la Sainte-Barbe, le 4 décembre, on met du blé ou des graines dans une petite assiette, sur un tissu mouillé.

Les jeunes gens vont dans le village, avec leur flûte et leur tambour.

Bataille nautique, en Camargue.

Les santons représentent les gens de la Provence d'autrefois.

Au bout de trois semaines, c'est Noël, et l'assiette est couverte d'une belle herbe verte. C'est la période de la crèche : dans les églises et les maisons, on met en scène la naissance du Christ avec des petits personnages en terre colorée appelés santons. En plus des figures de l'histoire sainte, il y a des santons qui représentent les gens de la Provence d'autrefois : les bergers, le meunier, le pêcheur, la poissonnière, le maire du village... Le soir de Noël, dans de nombreux villages, les bergers viennent à l'église avec un agneau [1], ou bien les pêcheurs apportent des poissons frais pêchés.

Mais la Provence d'aujourd'hui est aussi tournée vers l'avenir : on y trouve des universités, à Aix, Marseille et Nice, des industries modernes à Fos-sur-Mer – industrie du pétrole, sidérurgie [2] –, des laboratoires de recherche à Sophia-Antipolis, entre Nice et Antibes. Il y a aussi le centre

---

1. Agneau : petit mouton.
2. Sidérurgie : production du fer et de l'acier.

Le grand ensemble industriel de Fos-sur-Mer.

d'I.B.M. à La Gaude, celui de Texas-Instruments à Villeneuve, près de Nice, le Centre d'études nucléaires [1] à Cadarache, dans les Alpes-de-Haute-Provence, l'Institut de la recherche agronomique [2] près d'Avignon, les centres de recherche de la Marine à Toulon, et bien sûr tous les centres de recherche des entreprises privées de la région, comme les parfumeries à Grasse, par exemple. Tout autour de Marseille, et jusqu'à la Côte d'Azur, des autoroutes et des voies rapides permettent de traverser le pays, sans entrer dans les villes ou les villages. L'aéroport de Nice-Côte-d'Azur est le troisième de France, après ceux de Paris. On peut y arriver par avion direct du monde entier... ou presque. Marseille est le premier port français et le troisième port européen. L'aéroport de Marseille-Marignane est aussi un aéroport international. Grâce à tous ces équipements et au travail de ses habitants, la Provence peut avancer vers l'avenir, sans perdre les bons côtés de la vie d'autrefois. Elle sait rester cette terre où il fait bon vivre, ce pays de soleil et de lumière, de verdure et de mer où vous vous sentirez bien.

---

1. Nucléaire : atomique.
2. Agronomique : agricole.

Mots et expressions

La Provence

Ail, *m.* : plante qui donne un goût fort (voir **aromate**).

Aïoli, *m.* : plat à base d'ail.

Anchois, *m.* : petit poisson de la Méditerranée que l'on mange souvent au sel ou à l'huile.

Aromates, *m. pl.* : plantes ou herbes qui donnent du goût, qui poussent au soleil des collines sèches (thym, sauge, romarin, basilic...), ou feuilles d'arbres comme le laurier.

Chêne vert, *m.* : grand arbre des régions méditerranéennes qui ne perd pas ses feuilles.

Cigale, *f.* : petit animal qui chante au soleil.

Cyprès, *m.* : arbre haut et fin, d'un vert très foncé, qui garde ses feuilles l'hiver.

Échassier, *m.* : oiseau qui a de longues pattes et qui vit dans les marécages (le flamand rose, par exemple).

Gardian, *m.* : homme qui s'occupe des chevaux et des taureaux en Camargue. Le gardian est monté sur un cheval et il est armé d'un long bâton : la pique.

Gitan, *m.* : personne appartenant à une population qui vit en se déplaçant tout le temps, dans des maisons roulantes appelées roulottes ou caravanes.

Lavande, *f.* : fleur aromatique de couleur bleue.

Marécage, *m.* : endroit où la terre est pleine d'eau.

Mimosa, *m.* : arbre qui donne des fleurs jaunes.

Moulin, *m.* : un moulin permet de transformer le blé en farine.

Moustique, *m.* : très petit animal qui vole et qui pique. Ses piqûres brûlent la peau.

Olive, *f.* : fruit de l'olivier.

Olivier, *m.* : arbre qui donne des olives.

Pastis, *m.* : boisson de couleur jaune très aimée en Provence.

Platane, *m.* : arbre qu'on plante sur les places pour faire de l'ombre.

Raisin muscat, *m.* : fruit très sucré avec lequel on fait du vin doux.

Taureau, *m.* : le mâle de la vache.

COLLECTION LECTURE FACILE

TITRES PARUS OU À PARAÎTRE

Série Vivre en français

Niveau 1 : La Cuisine française ; Le Tour de France.

Niveau 2 : La Grande Histoire de la petite 2 CV ; La Chanson française ; Paris ; La Provence ; L'Auvergne.

Niveau 3 : Abbayes et cathédrales de France ; Versailles sous Louis XIV ; La Vie politique en France ; Le Cinéma français.

Série Grandes œuvres

Niveau 1 : Carmen, *P. Mérimée* ; Contes de Perrault ; Aladin ; Le Roman de Renart ; Les Trois Mousquetaires (T. 1) et (T. 2), *A. Dumas* ; Les Misérables (T. 1) et (T. 2), *V. Hugo*.

Niveau 2 : Lettres de mon moulin, *A. Daudet* ; Le Comte de Monte-Cristo (T. 1) et (T. 2), *A. Dumas* ; Les Aventures d'Arsène Lupin, *M. Leblanc* ; Poil de Carotte, *J. Renard* ; Notre-Dame de Paris (T. 1) (T. 2) et (T. 3), *V. Hugo* ; Germinal, *É. Zola* ; Tristan et Iseult ; Cyrano de Bergerac, *E. Rostand* ; Sans Famille, *H. Malot* ; Le Petit Chose, *A. Daudet* ; Cinq Contes, *G. de Maupassant*.

Niveau 3 : Tartuffe, *Molière* ; Au Bonheur des Dames, *É. Zola* ; Bel-Ami, *G. de Maupassant* ; Maigret tend un piège, *G. Simenon* ; La tête d'un homme, *G. Simenon*.

Série Portraits

Niveau 1 : Victor Hugo ; Alain Prost ; Vincent Van Gogh.

Niveau 2 : Colette ; Les Navigateurs français.

Niveau 3 : Coco Chanel ; Gérard Depardieu ; Albert Camus.

Les trois dossiers de l'enseignant sont parus.